Für meinen Neffen Julian James Pawassar

IMPRESSUM

Bibliografische Information der Deutschen Bibliothek.

Die Deutsche Bibliothek verzeichnet diese Publikation in der deutschen Nationalbibliografie. Detaillierte bibliografische Daten sind im Internet über http://www.d-nb.de/ abrufbar.

Die im Buch veröffentlichten Aussagen und Ratschläge wurden von Verfasserin und Verlag sorgfältig erarbeitet und geprüft. Eine Garantie für das Gelingen kann jedoch nicht übernommen werden, ebenso ist die Haftung der Verfasserin bzw. des Verlags und seiner Beauftragten für Personen-, Sach- und Vermögensschäden ausgeschlossen.

Die in diesem Buch enthaltenen Informationen, Anregungen und Ratschläge stellen die Meinung und Erfahrung der Autorin dar, basierend auf dem aktuellen Stand wissenschaftlicher Erkenntnisse. Sie wurden von der Verfasserin nach bestem Wissen und mit größter Sorgfalt recherchiert. Dennoch erfolgen alle Angaben ohne Gewähr und es kann keine Garantie übernommen werden. Das Buch kann eine persönliche Beratung oder kompetenten medizinischen Rat nicht ersetzen. Weder Autorin noch Verlag können für eventuelle Schäden oder Nachteile, die sich aus den im Buch enthaltenen Hinweisen ergeben, eine Haftung übernehmen. Jeder Leser und jede Leserin ist nach wie vor für das eigene Tun selbst verantwortlich.

EIN BUCH DER EDITION MICHAEL FISCHER

1. Auflage 2016

Covergestaltung, Illustrationen und Layout: Leeloo Molnár
Produktmanagement: Annika Christof
Redaktion und Lektorat: Saskia Wedhorn
Fotos: Brigitte Sporrer, München
Fotobearbeitung: Erik Pawassar, San Francisco, und Leeloo Molnár

Bildnachweis:
Alle Fotos von Brigitte Sporrer, außer Autorenfoto S. 48 von Erik Pawassar, San Francisco

ISBN 978-3-86355-457-6

Printed in Czech Republic

www.emf-verlag.de

REZEPTE

DIE GRUNDLAGEN

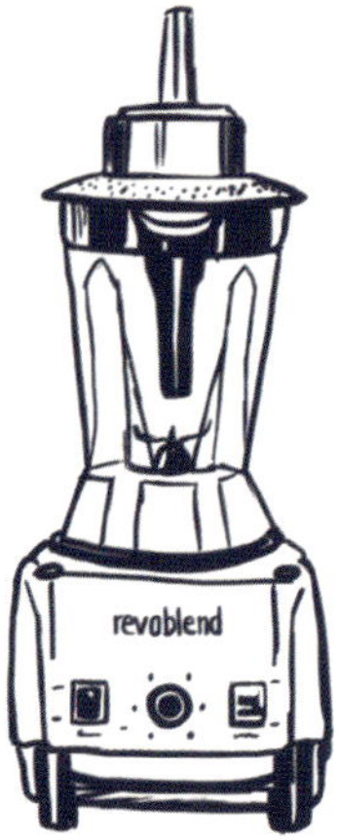

RATZFATZ SMOOTHIE-SPASS

Man gibt in den Mixer, worauf man gerade Lust hat oder was man im Garten und am Wegrand findet – in wenigen Sekunden erlebt man wahre Geschmacksoffenbarungen. Der Mixer kaut quasi vor! Die Zutaten werden so perfekt gemischt, dass die Nährstoffe vom Körper direkt aufgenommen werden können. Wichtig hierbei: Smoothies sollten nicht zu Mahlzeiten kombiniert werden. Am besten auf leeren Magen oder bis zu einer halben Stunde vor dem Essen genießen.

GESUNDES FÜR FAULE

Schneller und einfacher geht's kaum. Klar, man könnte sich die Wildkräuter und Blätter direkt von den Bäumen in den Mund stecken. Aber durch das Mixen kann man schneller viel mehr Enzyme und Chlorophyll aufnehmen. Das Obst müsste man auch nicht pürieren, um es zu genießen. In Smoothies dient es hauptsächlich zum Süßen, weil das gesunde Grün allein etwas bitter wäre.

SAMMELN, MIXEN & GENIESSEN

Wenn man einmal weiß, was in der Natur alles essbar ist, kommt man aus dem Staunen nicht mehr heraus. Je verwilderter der Garten, umso mehr wertvolle Vitamine findet man! Kinder lieben es, in der Natur nach Essbarem zu suchen, und wenn es dann noch mit leckerem Obst püriert wird, sind die meisten kaum zu bremsen. Die Regel bei Kindern lautet: Erst einmal mehr Obst und weniger Grün, allmählich das Obst reduzieren und grüner werden. Mit der Zeit gewöhnt man sich an die geringere Süße.

FLÜSSIGES SONNENLICHT

Der grüne Pflanzensaft Chlorophyll wird auch „flüssiges Sonnenlicht" genannt, da er nichts anderes als umgewandelte Sonnenenergie ist. Längerfristig konsumiert, fühlt man sich wahrhaftig besser, energiegeladener und klarer. Damit der gesunde Drink aber nicht langweilig wird, sollte es zwischendurch immer mal einen nicht-grünen Smoothie geben,

z. B. mit leckerer (selbst gemachter) Mandelmilch, mehr Obst und weniger Gemüse bzw. mit Superfood. Die Abwechslung macht's. Dabei sind der Fantasie keine Grenzen gesetzt. Die Rezepte in diesem Buch können mit etwas Erfahrung beliebig geändert werden.

DAS RICHTIGE WERKZEUG

Einige Smoothies kann man mit einem handelsüblichen Püriergerät herstellen. Mit einem Hochleistungsmixer werden sie aber noch cremiger. Es macht durchaus Sinn, direkt in ein gutes Gerät zu investieren, da die eigene Gesundheit davon profitiert und man manche Zutaten wie Nussmilch selbst herstellen kann. Zudem können gesunde Kerne und Schalen meist mitverarbeitet werden. Die beste Leistung bringt der REVOBLEND®, weil dieser mit seiner speziell angefertigten Zusatzklinge die Zutaten in nur einer halben Minute aufspaltet. Je kürzer gemixt wird, desto mehr Nährstoffe bleiben erhalten!

BIO & VEGAN

Für manche Zutaten, die bei uns wild wachsen, ist „Bio" nicht zwingend notwendig. Beeren und Bananen dagegen werden häufig mit Pestiziden behandelt, hier lohnt sich also der Kauf des Bio-Produkts. In diesem Buch sind fast alle Rezepte vegan. Smoothies sind der Beweis, dass tierfreie Ernährung gesund UND lecker ist.

ES LOHNT SICH

Die Kinder von heute haben sich weit von der Natur entfernt, kennen oft nicht einmal mehr den guten alten Löwenzahn. Mit Kräuterwanderungen, Blätteressen und Smoothies kann man das Immunsystem stärken und gleichzeitig Kindern wieder mehr Begeisterung für die Natur vermitteln. Auf dem Balkon einen Blumenkasten mit Löwenzahn und Giersch anzulegen und ein paar Blumentöpfe mit Brennnesseln zu bestücken, ist supereinfach! Vor allem, wenn man die Gesichter der Nachbarn sieht ...

DIE ZUTATEN

GEMÜSE: Fast jede Gemüsesorte eignet sich für Smoothies, ganz besonders Kohl. Rote Bete fürs Blut, Grünkohl für den Geist und Stangensellerie für Vitamin B. Unerhitzt steckt es zudem voller Enzyme. Allgemein gilt: Je grüner, desto besser!

OBST: Wie gesagt, anfangs mehr, dann immer weniger. Oft ist auch die Schale sehr gesund und gibt dem Drink einen gewissen Biss. Äpfel und Birnen können in Hochleistungsmixern ganz verwertet werden, sogar Stiel und Gehäuse. Am besten regionale und saisonale Früchte verwenden.

KRÄUTER: Selbst gesammelt, machen Petersilie, Minze und Sauerampfer den größten Spaß! Sie können beliebig kombiniert werden. Probier's einfach aus und lern dazu! Viele Küchenkräuter wachsen in ihrer Wildform im heimischen Garten und warten nur darauf, geerntet zu werden. Die Grundregel: Pflücke nur, was du wirklich kennst!

FLÜSSIGKEITEN: Gutes, reines Quellwasser wäre ideal. Sonst stellen auch Kokoswasser, das besonders gesund ist, Orangensaft und Kuhmilchalternativen wie Hafer-, Mandel-, Nuss- oder Reismilch gute Flüssigkeitsspender dar.

ZUM SÜSSEN: Am besten eignen sich Kokosblütenzucker und Xylit, das aus Birkensaft gewonnen wird. Beide zählen zu den gesunden Süßmachern. Leider sind sie teuer, aber es lohnt sich. Honig ist für nicht allzu strikte Veganer eine leichter erhältliche Alternative. Super geeignet sind auch Datteln (ohne Kern).

NÜSSE & SAMEN: Gut gemixt, verleihen sie den Drinks eine herrliche Cremigkeit. Zudem ist selbst gemachte Nussmilch eines der göttlichsten Getränke der Welt!

SUPERFOODS & TOPPINGS

BLÜTEN: Zum Garnieren sind sie ein absolutes Highlight. Und es ist wirklich erstaunlich, wie viele Blumen essbar sind: Gänseblümchen, Veilchen, Fuchsien und Rosenblätter, natürlich aus freier Wildbahn und ungespritzt. Oder aus Omas Garten, wenn sie gerade nicht hinsieht …

CHIA-SAMEN: Das absolute Superfood aus Südamerika, das man gut im Smoothie vermixen kann und viel Energie liefert. Voll mit allen Omega-3-Fettsäuren. Bei einem gewöhnlichen Mixer sollte man die Samen vorher etwa 15 Minuten einweichen lassen, bis sie wie „Froschlaich" aussehen, weil sie so aufquellen!

GOJI-BEEREN: Kleine Wunderbeeren mit einem feinen und leicht süßlichen Geschmack. Totales Vitamin C mit einer tollen Farbe. Sie wachsen übrigens auch bei uns. Vor Gebrauch die Beeren eine halbe Stunde einweichen.

HANFSAMEN: Geschälte Hanfsamen eignen sich am besten, weil sie eine cremige Textur ergeben und als Eiweißquelle unübertrefflich sind. Hanf schmeckt vor allem supergut!

KOKOSFLOCKEN & KOKOSWASSER:
Ein wunderbares Superfood für Immunsystem und Elektrolyte. Das Kokoswasser gilt bei uns zwar als Luxuslebensmittel, aber dafür ist es umso besser. Inzwischen ist es auch immer einfacher zu bekommen. Wenn man mal zufällig Urlaub in Thailand macht, unbedingt eine Kokosnuss direkt von der Palme ernten und mit einer Machete aufschlagen lassen. Sooo exotisch-lecker!

ROHER KAKAO & KAKAO-NIBS:
Roher, naturbelassener Kakao ist einfach unübertrefflich! Er gibt dem Smoothie einen Schokobiss und liefert zudem wertvolle Antioxidantien. Es geht eben nichts über Schokolade!

Mr. Strawberry

Die herrliche, knallrote, saftige Erdbeere! Super für das Immunsystem, so lecker und so toll kombinierbar. Wie bei diesem Sommer-Smoothie mit Minze. Die Blätter sind nicht nur dekorativ, sondern wirken beruhigend.

optional: Kakao-Nibs, auch zur Deko

100 ML WASSER
3 g Minzblätter (etwa 12 Blätter)
HALBE BANANE
250 g Erdbeeren

BANANA JOE

Die Brennnessel ist ein wahres Wunderkraut. Sie ist voll mit gesundem Eisen und wächst überall. Wenn man sich mit ihr angefreundet hat, ist es eine Liebe fürs Leben! Um den bitteren Geschmack zu überdecken, mit viel Obst kombinieren.

1 Kinderhandvoll Brennnesseln (etwa 20 g) – mit Samen, aber ohne Stiel
150 ml Wasser
Eine Kiwi
1 Apfel
Eine Banane

Pink Milk

Ein ungewöhnlicher Smoothie – sehr lecker, cremig und rosig. Die Rose soll tatsächlich eine alte Heilpflanze sein und anti-entzündlich wirken. Und die Rote Bete? Die ist eine wahre Stimmungsgranate!

1 ROTE BIO-ROSENBLÜTE
KLEINES STÜCK ROTE BETE (etwa 20 g)
1 EL
Kokosblütenzucker oder Xylit
250–300 G MANDEL- ODER HAFERMILCH
2 EL GESCHÄLTE HANFSAMEN

Johnny Blue

Noch so ein herrlicher Sommer-Smoothie! Die blauen Beeren und die süße Banane versorgen den Körper mit jeder Menge Vitamin C und Kalium. Die lila Farbe erinnert an warme Sommernächte und macht Lust auf mehr.

200 ML WASSER
1 Banane
150-200 g Blaubeeren
½ Kinderhandvoll Löwenzahn (25 g)
OPTIONAL:
NACHSÜSSEN MIT KOKOSBLÜTENZUCKER

DRACHENSAFT

Giersch-Alarm! Schmeckt ein bisschen wie Sellerie und ist reich an Vitaminen. Übrigens – legt man die gequetschten Blätter auf Verbrennungen und Insektenstiche, verhilft das zu schnellerer Linderung.

150 ML WASSER
½ KINDER-HANDVOLL GIERSCH (ETWA 25 G)
5–6 Datteln nach Geschmack
1
2
3
4
5
6
1 TL LEINSAMEN
2 Bananen

MacGurky

Gurken sind super für den Darm. Sie schmecken mit Minze kombiniert einfach total erfrischend und nach Sommerferien. Mit Eiswürfeln ist MacGurky der Abkühlungs-Hit an heißen Tagen.

Tipp: Auch mit Kokoswasser megalecker!

150 ML WASSER
1 Apfel
1 EL KOKOSBLÜTENZUCKER
ODER XYLIT
½ Salatgurke
etwa 6 g Minzblätter
Saft einer
halben Zitrone

Princess Melonie

Ganz viel Vitamin A, ein unvergleichlicher Sommergeschmack und Dank der Chia-Samen eine Superfood-Party! Ein kleines Stück (ungespritzte!) Zitronenschale gibt hier noch eine Extraportion Erfrischung.

3–4 EISWÜRFEL
optional:
Minzblätter
1 EL Chia-Samen
Saft einer Zitrone
¼ Wassermelone (etwa 500 g)

Südseetraum

Mmmhh Mango – in Indien nennt man sie wegen ihrer Süße und der goldgelben Farbe seit uralten Zeiten „Götterfrucht". Eine reife Mango riecht süßlich und gibt auf Druck leicht nach. Kombiniert mit Banane und Limette, schmeckt dieser Smoothie wirklich nach Ferien am Meer!

Tipp: Die Limette kann natürlich auch durch eine Zitrone ersetzt werden.

200 ML WASSER
1 Kinderhandvoll Spinat (etwa 20 g)
eine Mango (etwa 300g)
Saft einer Limette
2EL Kokosflocken
EINE BANANE

HIMBEERDRACHE

Himbeeren schmecken nicht nur göttlich, sie sind auch noch superschnell selbst gesammelt. Goji-Beeren verhelfen zu noch mehr Farbe und Chia-Samen versprechen: Drachenpower!

OPTIONAL:

1 EL KOKOSBLÜTENZUCKER ODER XYLIT

150 g
Himbeeren
1 EL
Goji-Beeren
eingeweicht
1 EL
Chia-Samen
etwa 15 g
50 g Rote Bete
100 ML WASSER

FLU SHAKE

Hier ein Antigrippe-Drink vom Feinsten, vollgepackt mit Vitamin C … Ingwer stärkt das Immunsystem und wärmt von innen. Beim Honig gerne großzügig sein, damit die Süße wieder fröhlich macht.

Tipp:

Beim Ingwer ein bisschen mit der Schärfe spielen, anfangs gerne etwas weniger.

150 ML WASSER
SAFT EINER ZITRONE
Saft einer 1/2 Bio-Orange
AUCH MIT ETWAS SCHALE SEHR LECKER
5–8 G INGWER (NACH GESCHMACK)
Eine Bio-Kiwi (mit Schale)
1 APFEL
1 TL HONIG
oder vegane Süße

BANANA COCO JOE

Dieser Strand-Drink erinnert an spannende Abenteuer auf einer Südseeinsel! Leckere Hanfsamen sorgen für eine schöne Cremigkeit und sind auch schick als Deko. Alternativ kann man auch Kokosraspeln probieren.

1EL KOKOSFLOCKEN (ETWA 8G)
1TL geschälte Hanfsamen (etwa 10g)
eine Banane
200 ml Reis-Kokosmilch
etwa 4-5 Datteln

Grüne Maus

Die Verschmelzung von süß und grün! Die Ananas macht Lust auf Urlaub und der Spinat schmeckt im Smoothie viel besser als gekocht – versprochen!

1 Kinderhandvoll Spinat (etwa 30 g)
1 Bio-Kiwi (mit Schale)
200 g Ananas
1 EL geschälte Hanfsamen
200 ml Wasser

Großer Feigling

Ein Feigentraum aus 1001 Nacht! Dieser Smoothie macht satt und ist ideal als Frühstücksersatz. Ist der Drink mit Zimt abgerundet, entführt dich der feine Geschmack direkt auf einen Gewürzmarkt im fernen Orient.

Tipp: Anstatt der frischen können auch getrocknete Feigen verwendet werden.

4
FEIGEN,
eingeweicht
1
Banane
1 PRISE
ZIMT
250 ML
MANDELMILCH
EINE KINDERHANDVOLL
Mandeln, eingeweicht
(etwa 40 g)

Tipp:
Mit ½ TL Leinsamen wird der Smoothie noch etwas gehaltvoller.

Chocorangina

Ein besonderer Smoothie für magische Momente, denn die Kombination von Kakao und Orange weckt weihnachtliche Gefühle. Leinsamen sind nicht nur sehr gesund, sondern machen auch satt. Vor dem Mixen jedoch am besten schroten.

1 EL rohes Kakaopulver
1 EL geschälte Hanfsamen (etwa 15 g)
1–2 EL Kokosblütenzucker oder Xylit
200 ML MANDEL- ODER HAFER-MILCH
Saft einer Orange
OPTIONAL:
EIN PAAR KAKAO-NIBS, AUCH ZUR DEKO

Grüne Limo

Ein ganz einfaches Limonadengetränk, nur viel gesünder als eine „echte" Limo. Die Banane für den süßen Geschmack, der Spinat für grüne Sonnenenergie, die Zitrone für das Spritzige und die Datteln für das besondere Etwas.

Tipp:
Den Spinat kann man auch gut durch Feldsalat ersetzen.

200 ML WASSER
Saft einer Zitrone
2–3 Eiswürfel
[IM SOMMER]
1–2 KINDERHANDVOLL SPINAT
ETWA 30 G
5–6 DATTELN
1 Banane

DaNuMi

Da=Dattel, Nu=Nuss, Mi=Milch.
Ein ganz einfacher Nuss-Shake, der als Frühstücksdrink sowie als Pausen-Smoothie genial ist. Gibt man zusätzlich Hanfsamen dazu, ist er noch gehaltvoller. Wer es leichter mag, einfach Teile der Nussmilch durch Wasser ersetzen.

Tipp: Mit einem Hochleistungsmixer kann man übrigens auch Paranüsse nehmen.

5-7 Datteln
1 TASSE WALNÜSSE ODER HASELNÜSSE, EINGEWEICHT UND ABGEGOSSEN
1 PRISE ZIMT
250 ml Hafermilch
OPTIONAL:
geschälte Hanfsamen zum Abrunden

BrokkoBilly

Brokkoli – eine Nährstoffbombe! Total gut für die Muskeln, fürs Immunsystem und gegen Kranksein im Allgemeinen. Chia für Power und wer es süßer mag, gibt einfach mehr Banane dazu.

200 ML WASSER
80 g Brokkoliröschen
1 Banane
ein Apfel
1 TL CHIA-SAMEN
1 TL
Kokosblütenzucker
oder Xylit

KoKo

KO= Kohl, KO= Kokos. Ein bewährter Gesundheits-Powerdrink, denn so schmeckt Grünkohl am allerbesten. Man glaubt es aber wirklich erst, wenn man ihn probiert hat! Na, dann mal los!

Tipp:

Natürlich kann man das Kokoswasser auch durch normales Wasser ersetzen.

2-3 Blätter Grünkohl
(oder Wirsing), ohne Stiel
eine Birne
250 g
Kokoswasser
eine Banane
5-6
Datteln

Mango Mandy

Dieser Drink ist einer Freundin namens Mandy gewidmet. Die heißt mit richtigem Namen aber nicht Mandarine. Diese ist in diesem Smoothie. Der hat eine leuchtende Farbe und ist sooo süß – ein Traum in Orange.

100–150 ML WASSER
3 MANDARINEN
1 EL GOJI-BEEREN,
EINGEWEICHT (ETWA 8 G)
1 Mango

Fit Kid

Sellerie mit Orange? Noch nie gehört? Das ist der Hammer! Krank wird man damit nie wieder. Wer es noch oranziger möchte, lässt das Wasser weg und nimmt umso mehr Orangensaft. Die Petersilie sorgt für eine Extraportion Eisen.

Tipp:

Mit 1 TL eingeweichter Chia-Samen verleiht dir dieser Smoothie noch mehr Super-Power!

2 Stangen Sellerie
150 ML WASSER
etwas Petersilie
Saft von 2–3 Orangen
1 Apfel
Süßen nach Geschmack

ÜBER DIE AUTORIN

Irina Pawassar bereitet seit vielen Jahren Smoothies für Familie und Freunde zu und gibt regelmäßig Smoothie-Workshops. Sie absolvierte eine Ausbildung zum „Raw Food Chef" (Vitalkostkoch) in den USA und hat auf etlichen Seminaren in Irland Vitalkost „geunkocht". Mit ihrer Begeisterung für einfache, aber supergesunde Ernährung konnte sie schon viele anstecken. Als Chefköchin im Münchner Restaurant „Gratitude" kreierte sie viele farbenfrohe Smoothies und brachte dabei immer wieder das wichtige Chlorophyll mit ein. Eine Grippe hatte sie seit sechs Jahren nicht mehr.

Der **Revoblend RB500** ist der Ferrari unter den Mixern und ideal geeignet für das Zubereiten von Raw-Food-Mahlzeiten und Smoothies. Der Sockel besteht aus hochwertigen Materialien und ist somit sehr belastbar, der Mixbehälter mit 2 l Fassungsvermögen ist garantiert bpa-frei, da er aus Tritan-Kunststoff gefertigt wurde. Mit seinen sechs Klingen mit Wellenschliff macht der Revoblend vor nichts Halt: Jede Form von Obst, Gemüse, Blattgrün, ja sogar Kerne, Nüsse oder Getreide zerkleinert er zu einer cremigen Masse. Bei 38.000 Umdrehungen pro Minute bleiben aufgrund der kurzen Mix-Zeit alle wertvollen Nährstoffe erhalten. So ist auch die beliebte Mandelmilch im Handumdrehen selbst hergestellt und das widerspenstigste Kohlrabi-Grün wird fix zum Green Smoothie gemixt.